ALAIN
SAINT-SAËNS

JUAN PABLO II

PEREGRINO
DE LAS ALMAS

POEMAS

PRÓLOGO
DE
MARIBEL BARRETO

2021

 Published in the United States by University Press of the South.
E-mails: unprsouth@aol.com; universitypresssouth@gmail.com
Visit our award-winning web pages: www.unprsouth.com
www.punouveaumonde.com

Alain Saint-Saëns.
Juan Pablo II.
Peregrino de las almas.
Prologue by Maribel Barreto (Academia Paraguaya de la Lengua Española).
First European Edition in Spanish.
66 pages.
Front Cover Design: 'John Paul II'. Reproduced with permission.

1. Church History. 2. Catholicism. 3. Papacy. 4. John Paul II. 5. Poetry. 6. Paraguay. 7. Alain-Denis Henchoz. 8. Maribel Barreto. 9. Alain Saint-Saëns. 10. Tarek Abdel Hamid.

ISBN: 978-1-952799-43-3
2021

En memoria de Juan Pablo II,
cuya invocación dos veces
salvó la vida de mi hijo Zinedine.

En memoria de mi Mamán,
Andrée Saint-Saëns,
buena cristiana toda su vida,
quien está en el cielo con Juan Pablo II.

JUAN PABLO II

TABLA DE MATERIA

**ALAIN SAINT-SAËNS CON MARIBEL BARRETO
Y LOURDES RÍOS GONZÁLEZ**

PREFACIO

'Ser cristiano no se nace, se hace', declaró Tertuliano (160-220) a principio del siglo III. Aunque bautizado en la Iglesia Católica, experimenté en mi propia carne la autenticidad de la frase del Padre de la Iglesia, cuya vida y obra estudiaría con tanto entusiasmo en Maestría de Historia de Religiones Comparadas en la Universidad de Estrasburgo, Francia en los años 78-79. Perdí la fe dos veces durante mi infancia. La primera vez fue a la temprana edad de siete años, cuando mi Maestra de pre-catecismo declaró estúpida y duramente que una joven embarazada desesperada que se había echado del octavo piso por la ventana de nuestro inmueble en la ciudad de Burdeos donde vivía con mi familia, no iría al Paraíso, sino al Infierno. Lo relaté en un poema en francés de mi poemario prologado por mi amigo, el poeta paraguayo Rubén Bareiro Saguier, *France terre lointaine. Poèmes de l'errance* (*Francia tierra lejana. Poemas del vagabundeo*):

Résidence Michelet,
Perdues d'un Paraclet,
Huitième, l'une a sauté.
La harpie du Caté

Deux vies a insultées,

Foi et joie m'a quittées.

La segunda vez, más dolorosa, fue cuando el cura de la parroquia de esta misma ciudad abusó de mí ya niño de coro en la sacristía repetidamente. El recuerdo de esos momentos difíciles de mi niñez se refleja en mi poema, 'Mi Padre', del poemario *Infancias bajo los lapachos*:

Apenas misa suya expedita,

Su tereré a un querido

Pequeño preferido,

Beber en su cuarto invita.

Besos mojados, caricia al niño,

Inmenso y duro cariño,

y en la referencia a la violación de Bárbara Carter a la edad de dieciséis años por el cura de la parroquia de su barrio de Nueva Orleáns en mi obra de teatro en inglés, *Ordeal at the Superdome* (*Pesadilla en el Superdomo*).

Un profesor de Historia del Cristianismo, François Blanchetière, ex dominico casado con una israelí, y el Catedrático Marcel Simón, especialista mundialmente reconocido de los judíos bajo el Imperio Romano y los judeocristianos, supieron reconciliarme con la Iglesia a través del amor por su historia y el estudio del latín, griego y hebreo, y dirigieron mi tesis de Maestría sobre *El obispo Cesáreo de Arlés y los judíos en el siglo VI*. Un par de años más tarde, el programa del concurso de la Agregación para llegar a ser Profesor de Historia del más alto nivel, centrado sobre Reforma y Contra-Reforma en lo que tocaba a Historia Moderna, me convenció de especializarme en este período y este campo. Ya Miembro Científico de la Escuela de Altos Estudios Hispánicos de Francia en Madrid, España, la prestigiosa Casa de Velázquez, investigué allá durante tres años para escribir mi tesis doctoral sobre *La nostalgia del desierto. El ideal eremítico en Castilla en el Siglo de Oro*; mi tesis de Habilitación más avanzada para llegar a ser Catedrático de Universidad en Historia, *Historia de los ermitaños de España en la Época Moderna, 1500-1800*; y un libro de arte en inglés, *Art and Faith in Tridentine Spain, 1545-1690* (*El arte y la fe en la España tridentina, 1545-1690*). También dediqué varios artículos largos a figuras grandes de la Iglesia Católica, San Ignacio de Loyola y Santa Teresa de Jesús, y a otra no menos fascinante de la Reforma Protestante, Martín Lutero, a propósito de su encuentro surrealista con el joven Emperador Carlos V en la Dieta de Worms de 1521, en mi libro *Young Charles V (1500-1531)*.

Me enteré de la existencia de Karol Wojtyla el 16 de octubre de 1978, como la mayoría de la gente, cuando fue elegido Papa bajo el nombre de Juan Pablo II:

Por la gran emoción de descubrir tu rostro,
En Historia de Religión joven maestro,
Juan Pablo II, ¡eres santo admirado!

Me apasioné de inmediato por su estilo moderno, su palabra poderosa, su poder de convocatoria con los jóvenes y, sobre todo, su deseo de viajar como 'peregrino de las almas' hacia cualquier parte del mundo. Leí y reflexioné sobre la historia de su vida, sus encíclicas, sus libros y su poesía. Crítico como cada buen historiador tiene que serlo, denuncié sus errores que sin embargo lo ponían más humano en mi opinión. Así era evidente para mí que no entendió ni la personalidad ni el sentido del martirio de Monseñor Oscar Romero, Arzobispo de San Salvador; es lo que quise mostrar en mi poema, 'Oscar de las Américas':

¿Cómo he podido equivocarme tanto?
Pensé que era sólo revolucionario,
Pastor en manos del poder y el sicario,
Cuando cayó por la fe en mártir glorioso,
Siendo del Evangelio defensor valioso.
¿Cómo he podido abandonarle tanto?

La grandeza de Juan Pablo II me parecía ser cuanto más valiosa como que se apoyaba sobre el reconocimiento de sus propios fallos. En 'Santo todito', le concedí esta virtud y le perdoné su intransigencia:

Por ciertos errores de humano juicio,
Voluntad afirmada no sin prejuicio,
Juan Pablo II, ¡eres santo absuelto!

Otros hombres de Dios, como Gautama Buddha, Moíses y Martín Luther King, Jr., 'en Memphis de la Palabra de Dios el dueño', jamás pretendieron ser omniscientes. Los tres reconocieron ser falibles y, sin embargo, lideraron sus pueblos sobre los caminos de la fe hacia su Creador, como supo hacerlo sin miedo Juan Pablo II con los católicos, ganándose además el respeto de las otras confesiones:

Karol, dilecto de Dios el hijo ¡no temas!
Serás el obispo del mundo todo nomás,
Honrado por el chamán y sus talismanes,
Respetado por cristianos y musulmanes,
Judíos, ortodoxos, todos te amarán,
Juan Pablo Segundo el Grande te llamarán.

Admiré su capacidad de perdonar al sicario, Ali Agca, que atentó a su vida en la Plaza San Pedro de Roma e imaginé el diálogo entre los dos hombres, cuando Juan Pablo II visitó a su asesino en la cárcel, en mi poema '¿Por qué me perdonas?' A las palabras de incredulidad del matador, el Papa contestó saludando al mismo tiempo la belleza de la fe musulmana y la honradez del profeta Mahoma:

> Hijo mío, son fuerzas del mundo oscuro
> Que sin duda te enviaron contra el muro,
> Siempre tu Dios ha querido a los del Libro,
> Tu profeta, un juez justo de gran asombro,
> ¿Puedes imaginar en Meca a un hombre
> Faltando respeto a otro? ¡Qué vislumbre!

Por haber estudiado el árabe y el Islam como becario del gobierno egipcio en la ciudad de Cairo donde residí en el convento de los dominicos todo un verano, y viajado tanto en Egipto, Marruecos, Túnez y Cisjordania como en Israel, podía entender la voluntad de Juan Pablo II para establecer puentes entre las grandes religiones monoteístas. Hombres profundamente religiosos como mi amigo libanés Tarek Abdel Hamid radicado en Paraguay, traductor de *Yo el Supremo* de Augusto Roa Bastos al árabe, quien hizo dos veces la peregrinación a Meca, lugar musulmán más santo en Arabia Saudita, cuna del Islam, siguen en las huellas de Juan Pablo II para establecer lazos de convivencia entre las diferentes comunidades religiosas del Medio Oriente, tal y como lo muestra el intercambio de correos electrónicos conmigo cuando le envié mi poemario dedicado al 'peregrino de las almas'. Lo mismo puedo decir de dos amigos protestantes, Alain-Deniz Henchoz, ex Embajador de Suiza en Paraguay, y su esposa Anne-Françoise, quienes tanto tiempo, energía y dinero dedicaron a niños paraguayos abandonados por todos a través de su Fundación Lapachos, el Hogar Juan Pablo II que crearon, y un libro de fotos del Paraguay en donde me pidieron participar con poemas míos:

Ana y Alain-Denis, suizos generosos,
Lapachos, la fundación de los cariñosos,
A ellas ofrecieron albergue decente,
A pobrecitas felicidad inocente,
¡Juan Pablo II, tutor del sufriente,
Del poeta oye pedido ferviente!

Supe de los esfuerzos del joven seminarista Karol Wojtyla para salvar a judíos durante la ocupación de Polonia y le imaginé acercándose a un tren de la muerte parado camino a Auschwitz para aliviar la pesadilla de los prisioneros judíos en un vagón, en mi poema, '¡Deme agua!':

'Mi hija, tiene sed, se va a morir. ¡Agua!'
Del bosque oscuro surgió un hombre alto,
En sus manos cantimplora y un vasito,
Dedos de madre por la ventanilla tomó,
'Hermana, aún tu hija no se desplomó'.
De Cracovia venía, Karol se llamaba.

Más adelante, hice de él un personaje clave en una escena de mi obra de teatro en inglés, *The Wagon* (*El vagón*), que reproduzco en este libro, donde el diálogo entre el sacerdote cristiano Karol y su par judío, Rabbi Sholem, alcanza alturas increíbles de nobleza y comprensión mutuas muy emocionantes.

De cierta manera, Juan Pablo II acompañó los altibajos de mi vida de 1978 a 2005, año de su muerte. Era un compañero de ruta, cuyas proezas cristianas yo alababa y sufrimiento estoico delante la enfermedad final envidiaba. Me acostumbré a incluirle en mis oraciones a Dios, hablándole para pedir consejo, quejarme de algo, alegrarme o llorar. Cuando nació mi hijo Zinedín en Nueva Orleáns en los Estados Unidos en 2008, casi se murió de una doble neumonía el cuarto día de su corta vida. Desesperado cuando los médicos me anunciaron que ya no había esperanza, recé, recé a Juan Pablo II toda una noche, porque ya no había alternativa y quizá él sí podría hacer algo, y mi hijo sobrevivió. Un año más tarde, ya establecido en Paraguay con su Mamá, casi se murió Zine de una vacunación vencida en el hospital público del IPS. Cuando mi esposa me pidió preparar a acercarme para enterrarlo, yo, aún en los Estados Unidos en aquel entonces, recé, recé otra vez a Juan Pablo II toda una noche, y mi hijo sobrevivió:

Por el hijito mío que tu intercesión
A su vida dos veces ofreció extensión,
Juan Pablo II, ¡eres santo todito!

Este poemario es mi agradecimiento personal a un hombre santo, Juan Pablo II 'el Grande', 'santo todito' sin duda alguna, quien marcó profundamente mi vida y salvó de una muerte cierta a uno de mis hijos y cuantos otros niños más en Paraguay:

Por los niños con sida del hogar perdido,
Con tu nombre en el Paraguay escondido,
Juan Pablo II, ¡eres santo bendito!

Ojalá pudiera ser fuente de inspiración para todos mis lectores, cuál que fuese su fe, en su camino propio hacia su Dios.

Alain Saint-Saëns

ALAIN SAINT-SAËNS CON SU FAMILIA Y SU MADRE

JULIO DE 2018

PRÓLOGO

Alain Saint Saëns nos presenta este poemario de alabanza para figuras destacadas del ámbito espiritual, poemas laudatorios a San Juan Pablo II, Santa Faustina y Santa Teresa de Calcuta. Diez textos poéticos estructurados en tres sextetos, versos de arte mayor entre doce y catorce sílabas, poesía para el intelecto, vehículos de pensamientos que invitan a la reflexión. En ellos, el ritmo no se desliza con fluidez, no son versos eufónicos ni coloridos, pero sí cargados de intensidad y mensajes profundamente espirituales. Poemas de celebración, de enaltecimiento y glorificación en los cuales se exaltan el amor a Dios, la fe y la fraternidad.

POLONIA

El primer poema describe las múltiples invasiones que sufrió ese país en cada guerra. En su seno se alojan los campos de exterminio donde fueron aniquilados millones de judíos arrojados a las llamas. Los versos del tercer sexteto aluden al Papa, a su tierra amada, de donde salieron muchos misioneros, la tierra de más de mil años de catolicismo, lo que se opuso al comunismo.

¡DEME AGUA!

Es el poema de la desesperación a causa de la sed, la imagen de los cuervos prefiguran la muerte, que sobrevuela la marcha de la locomotora que conducc a miles de seres humanos, hacia un pavoroso final; gritos de desesperación, de terror, de clamor a Dios. Surge la sugestiva presencia luminosa de *Karol*, que ayuda y consuela, a los prisioneros, entre ellos a la familia de un rabino. Se manifiesta la solidaridad con el que sufre, el apoyo a quien implora. Sentimientos de angustia y dolor pero también de confianza y esperanza. En la primera estrofa la palabra clave *cuervos,* símbolo de muerte, en la segunda estrofa *cantimplora* trae el agua, símbolo de vida y en la tercera estrofa *Karol*, símbolo de bendición.

¡NO TEMAS!

Se refiere a la muerte del Papa Juan Pablo I y luego la elección del sucesor. En el Vaticano, los temores y angustias de *Karol* ante la certeza de ser el elegido. Impresiones fuertes ante el temor de no estar a la altura de sus antecesores, tres grandes: Roncalli, Montini, Luciani. En la tercera estrofa le invade la calma, como iluminado por el rayo de luz misterioso que le infunde la esperanza y la verdad. Sus sentimientos dan un vuelco y la plena confianza para convertirse en el Papa de los humildes, de los pobres, amado por todos.

JARDINERA DE LA MISERICORDIA

Lo dedica a Sor Justina, en la primera estrofa, Faustina en Varsovia recibe el llamado de Dios siendo ella una pobre sirvienta. Jesús Misericordioso se alojó en su corazón y una pregunta retórica le otorga énfasis a la información. En el último sexteto proclama a Jesús Misericordioso. Se aprecia a la sierva de Dios como una luz radiante y blanca elegida por Jesús para la difusión de la Doctrina de la Misericordia.

MADRE DE LOS MARGINADOS

En este poema, el autor utiliza el dialogismo de estilo directo "*Papá, ¿dónde está el señor?", me dijiste*/ "*Lo busco y lo llamo*" / "*¿Y si me abandonaba sola*?". Los versos conforman una gradación progresiva, con ello consigue la intensificación de emociones, con notable fuerza expresiva. La abundancia de imágenes y el empleo del hipérbaton y de la enumeración en el último sexteto evoca a la Madre Teresa, su presencia invade y emana el sentimiento de lo sublime. Enfrenta al ser humano con una realidad que se ha hecho temporal, sin embargo, esta mujer es un Cristo militante. Los versos acogen expresiones del coloquio diario que en otro tiempo hubieran parecido triviales o prosaicas. El valor estético descansa en el mensaje que huye de lo pictórico.

ÓSCAR DE LAS AMÉRICAS

En este poema, una arquitectura emocional es la materia prima poética y la estructura intencional se acrisola en una concepción paralelística continuada en igualdad de distancias. Contenido de valor ético no solo estético al servicio de una idea espiritual. Termina en su relación con Dios, síntesis de todos los valores enalteciendo la figura de Juan Pablo como irradiación de la absoluta gloria de Dios.

¿POR QUÉ ME PERDONAS?

Contraste de planos opuestos que ponen en juego las más altas capacidades espirituales, en la primera estrofa. En el segundo sexteto la conciencia de la grandeza augusta de la vida espiritual así como los valores lógicos, el conocimiento, el saber y la posesión de la verdad.
El último, el sexteto que llamo de la compasión, del perdón, en el que la misericordia se materializa en las flores cogidas del jardín de San Pedro, otorgan el perdón con la frescura del color y la fragancia y la promesa de las diarias oraciones.

EL PABELLÓN DE LAS DESAMPARADAS

Rememora la presencia del Santo Padre en Asunción, aclamado por los fieles. Alabanza con amor y el fervor de los enfermos de sida del albergue por él visitado. En el primer sexteto surge la vislumbre de un ideal superior, de un bien axiológico definitivo que transforma la oración en un bien y el anhelo en cumplimiento. En la segunda estrofa, se percibe la realidad integrada a lo espiritual, la súplica a la Virgen María ante la presencia de la enfermedad. En el tercer sexteto, el amor al prójimo se convierte en caridad, surge la Fundación que ofrece albergue y la visita de Juan Pablo a las enfermas. Oración, caridad, amor y gracia coronan las súplicas dolientes.

SANTO TODITO

El poeta recuerda el atentado que sufrió Juan Pablo II el 13 de mayo. Susto y horror son los sentimientos que surgen a causa del atentado, cuatro frases de admiración sintetizan el amor de su pueblo: "¡eres santo admirado!, ¡eres santo aventurado!, ¡eres santo súbito!, ¡eres santo todito! La personalidad de Juan Pablo II se engrandece con el atentado, recibe la adhesión del mundo entero. Los católicos lo reconocen santo y hoy es un santo amado, admirado por su vida ejemplar, porque perdonó a su agresor, dando así testimonio de amor al enemigo cumpliendo la ley de Dios.

PEREGRINO DE LAS ALMAS

Cada uno de los poemas de Alain Saint-Saëns aspira a favorecer una descarga de energía, sus poemas nos enseñan como hallarnos a nosotros mismos, no porque nos provea de una visión de realidad, sino porque imitan los procesos del mundo externo y en la dimensión de su lenguaje desaparece el mero sonido para dar lugar al advenimiento del significado, palabra de ser vivo, la voz viva del hombre, todas las señales, todas las memorias, los recuerdos y las miserias para mostrarnos que más allá de lo tangible se encuentra Dios ligado a esta naturaleza tan antigua y tan real.

Maribel Barreto

(Academia Paraguaya de la Lengua Española)

POEMAS

POLONIA

Polonia, mi Polonia, tierra de invasión,
Tus colinas bajas, corredor de nieve y viento,
De los bárbaros aún conservan el aliento,
En tus pantanos, las huellas de los zuecos
Y el estiércol de los caballos suecos
Recuerdan el fracaso de tu ilusión.

Polonia, mi Polonia, tierra de aniquilación,
Los campos de muerte de Auschwitz,
Birkenau, Treblinka y Monowitz,
La libertad y el trabajo despreciaron,
Tu honor y tu fraternidad ensuciaron
En las llamas de la calcinación.

Polonia, mi Polonia, tierra de misión,
Mieszko bautizado, mil años de catolicismo,
Tu fe ardiente, arma vital contra el comunismo,
Solidaridad cristiana en tus fábricas,
Liturgia ancestral y oraciones alegóricas,
Muralla espiritual vencedora de la opresión.

¡DEME AGUA!

El vagón ganadero estaba parado,
Horas y horas en los rieles demorado,
Cuervos raquíticos en el cielo pálido
Arremolinaban bajo el sol cálido,
Llantos y gritos ásperos de vez en cuando
quebraban el gran silencio nefando.

'Por Dios, ¿alguien acá? Por favor, ¡deme agua!'
'Mi hija, tiene sed, se va a morir. ¡Agua!'
Del bosque oscuro surgió un hombre alto,
En sus manos cantimplora y un vasito,
Dedos de madre por la ventanilla tomó,
'Hermana, aún tu hija no se desplomó'.

De Cracovia venía, Karol se llamaba.
Con Judit la valiente, su Sara pequeña,
E Isaac, marido rabí de Sajonia,
oraciones y lágrimas intercambiaron,
Del uno al otro bendiciones enviaron,
En los prisioneros esperanza plasmaba.

¡NO TEMAS!

Señor, ¿por qué llamar a tu lado temprano
Al Papa Juan Pablo Primero tan humano?
Pastor santo de los fieles, su gran humildad
Y su sonrisa conquistaron de la comunidad
Cristiana entera el alma y corazón,
De su muerte repentina, ¿cuál es la razón?

Señor, mi Polonia, Cristo de las Naciones,
¡Tanto me necesita! Por mis emociones
Me siento sumergido. Ay, Dios, ¡ya me votan!
No puedo, experiencia y valor me faltan,
Y ¿cómo seguir detrás de tres grandes Papas?
Roncalli, Montini, Luciani, ¡qué etapas!

Karol, dilecto de Dios el hijo ¡no temas!
Serás el obispo del mundo todo nomás,
Honrado por el chamán y sus talismanes,
Respetado por cristianos y musulmanes,
Judíos, ortodoxos, todos te amarán,
Juan Pablo Segundo el Grande te llamarán.

JARDINERA DE LA MISERICORDIA

Helena, pequeña, por la fe victoriosa
Atracción sentiste, ¡emoción deliciosa!
Jesús llamando, ya te fuiste a Varsovia,
Sin un centavo, ¿cómo ser de Dios la novia?
Trabajando de sirvienta premio ganaste,
De Faustina en convento sí entraste.

Mujer dotada, cocinera, jardinera,
Ningún trabajo duro que te repeliera,
Mucha atención hubieras comprometido
Si Jesús así te lo hubiera pedido,
El plan suyo para ti era más grandioso,
La Palabra de Dios en tu diario glorioso.

Santa, en los altares flotas con aroma,
Tu causa justa defendí bien en Roma,
De la imagen divina divulgadora,
Luz radiante blanca roja en la pintura,
Corazón del Señor de la Misericordia,
Primacía de la confianza y concordia.

MADRE DE LOS MARGINADOS

Corazón tan grande de mujer diminuta,
Viviste, beata querida, en Calcuta,
Madre de rechazados y abandonados,
Cariño siempre total por los marginados,
Abriendo tus brazos al niño huérfano,
Cerrando los ojos del leproso hermano.

'Papa, ¿dónde está el Señor?' me dijiste,
'Lo busco y lo llamo', ayuda pediste,
'Tanto me pesa su silencio', admitiste,
'¿Y si me abandonaba sola?', temiste,
'Teresa, adivina su santa presencia,
Así calmarás tu sentido de carencia'.

Ser más admirable, modelo contra odios,
Monja humilde, misionaria pura de Dios,
En mundo cruel apóstol de la caridad
Por los olvidados de la mortal sociedad,
La pobreza de la cruz contra el tentador,
Cinco rupias y la gloria de tu redentor.

ÓSCAR DE LAS AMÉRICAS

Ô Dios, de Salvador el obispo hermano,
Sirviendo la misa en tu iglesia misma,
¡Por un asesino tan cruel fue matado!
Óscar, que me pidió extenderle la mano,
Una vez en la Plaza San Pedro de Roma,
¡Rechacé darle y lo dejé apartado!

¿Cómo he podido equivocarme tanto?
Pensé que era sólo revolucionario,
Pastor en manos del poder y el sicario,
Cuando cayó por la fe en mártir glorioso,
Siendo del Evangelio defensor valioso.
¿Cómo he podido abandonarle tanto?

Juan Pablo, me recuerda a ti en Polonia,
La justicia en contra de la ignominia,
A Martín Luther King Junior y su gran sueño,
En Memphis de la Palabra de Dios el dueño,
Juan Pablo, ¡medita el mensaje de Romero,
De las Américas justo santo cordero!

¿POR QUÉ ME PERDONAS?

¿Por qué me perdonas? Yo quería matarte,
Todo bien preparado para liquidarte,
Invocado había, de Él tan miedoso,
En mis oraciones al Todo Poderoso,
En la plaza, tanta gente y tanto ruido,
Un solo tiro, te caíste, he huido.

Hijo mío, son fuerzas del mundo oscuro
Que sin duda te enviaron contra el muro,
Siempre tu Dios ha querido a los del Libro,
Tu profeta, un juez justo de gran asombro,
¿Puedes imaginar en Mecca a un hombre
Faltando respeto a otro? ¡Qué vislumbre!

Mi querido amigo, por favor no llores,
Para decorar tu cárcel, van unas flores
Cogidas por mí en el jardín de San Pedro
Y del domo de Jerusalén bello cuadro,
Cada día estarás en mis oraciones,
Por ti a Dios pediré más devoluciones.

EL PABELLÓN DE LAS DESAMPARADAS

Juan Pablo II, Santo Padre, Asunción
Cada día te bendice, bella oración
Interminable, una hermosa salmodia
De tu pueblo tan agradecido, la guardia
De tu memoria para siempre levantada,
Por los creyentes palabra asonantada.

En intercesiones a la Virgen María,
La que a nadie solo abandonaría,
Jamás te olvides de las desamparadas,
Las chicas enfermas por el sida manchadas,
Liz Mabel, Laura y demás hermanitas,
Risas adolescentes y caras bonitas.

Ana y Alain-Denis, suizos generosos,
Lapachos, la fundación de los cariñosos,
A ellas ofrecieron albergue decente,
A pobrecitas felicidad inocente,
¡Juan Pablo II, tutor del sufriente,
Del poeta oye pedido ferviente!

SANTO TODITO

Por la gran emoción de descubrir tu rostro,
En Historia de Religión joven maestro,
Juan Pablo II, ¡eres santo admirado!
Por el susto y el horroroso desmayo,
Atentado a tu vida trece de mayo,
Juan Pablo II, ¡eres santo venturado!

Por ciertos errores de humano juicio,
Voluntad afirmada no sin prejuicio,
Juan Pablo II, ¡eres santo absuelto!
Por tu ejemplo de vida y de coraje,
Estoico en la enfermedad salvaje,
Juan Pablo II, ¡eres santo súbito!

Por los niños con sida del hogar perdido,
Con tu nombre en el Paraguay escondido,
Juan Pablo II, ¡eres santo bendito!
Por el hijito mío que tu intercesión
A su vida dos veces ofreció extensión,
Juan Pablo II, ¡eres santo todito!

PEREGRINO DE LAS ALMAS

De Juan, discípulo tan amado del Señor,
Tuviste el ímpetu vital del ruiseñor
Y la visión sideral del águila noble,
De Pablo, cristianismo antiguo el roble,
Infatigable apóstol de las naciones,
Abrazaste las acertadas convicciones.

Juan Pablo, Papa peregrino de las almas,
Domingo de ramos, bendición de las palmas,
'¡Hosanna a Dios!', camino a Jerusalén,
Abejas libando de las flores el polen,
De Nuestro Señor la divina resurrección,
Octavo día, él de la reconciliación.

¿Quién mejor que tú dirá de Jesús la Pasión,
Quién del gran dolor de María la comprensión?
Sacrificio de Dios el hijo hecho hombre,
Paloma, del espíritu santo el nombre,
Cruz ensangrentada, de mujeres lágrimas,
Puente sagrado de la tierra a las cimas.

POEMAS RELIGIOSOS

NIÑOS DEL BUEN DIOS

A Francine.

Venía, ella les dijo,
De tierra tan lejana
Con cielo celeste.
Cierto que la anciana
Miel dulce del oeste
Con ella les trajo.

A huérfanos pequeños,
Enfermos sin prado,
Amor puro y cariños
Abuelita ha dado,
Aliviando con rayo
Sufrimiento paraguayo.

Niños del Buen Dios
Les llama el roble,
Cuando venga duro adiós,
Edelweiss de nieve,
Flor suiza blanca y noble,
Pondrá tumbas suyas en relieve.

Del poemario *Infancias bajo los lapachos*.

EL CRISTO PARAGUAYO

A Jesús, niño tetrapléjico con sida.

Del sida la víctima,
Sangre podrida, su lástima,
No ve ni escucha,
Once años de lucha,
Con su Dios de duelo,
Fe, sublime consuelo.

¿Era necesario que asumiera
Solo los pecados del mundo,
El dolor tan inmundo,
Que en su nombre resumiera
De su pueblo la ignorancia,
De los suyos la intolerancia?

Sobre su trípode clavado
Como Cristo tan alabado,
Abraza a sus compadres
Y perdona a sus padres,
Jesús, hijo sin techo,
Paraguay ¿qué has hecho?

Del poemario *Infancias bajo los lapachos*.

O ANJO BOM DA BAHIA

A Dom Emanuel
d'Able do Amaral.

De pequena menina já queria
Aos pobres dedicar-se Maria,
Nova Santa Clara brasileira,
O favor pedira a seus pais cálidos
De abrir a casa deles sem maneira
Aos doentes da vida e outros desvalidos.

Irmã Dulce, da Bahia inteira a bênção,
O anjo bom da imaculada conceição,
Dum abandonado galinheiro do convento,
Construíra com cristã caridade e amor vital
Um albergue de calor, milagre diário do evento,
A Santo Antônio bairro de Roma o hospital.

Quando o altar com humildade Maria alcançou,
O papa João Paulo carinhosamente a abraçou,
Num encontro divino de dois admiráveis santos,
O peregrino do mundo e a simples serva de Deus,
'Continua a tua tarefa, Irmã Dulce dos cantos,
E tão logo estarás com a bela dama no alto dos céus'!

Del poemario *A Bahia de todas as gaivotas*.

DIÁLOGO INTERRELIGIOSO ENTRE UN CRISTIANO Y UN MUSULMÁN

El 15 de abril de 2017, a las 04:18 PM, Alain Saint-Saëns escribió:

Estimado Tarek,
Querido amigo,

En este Sábado Santo venerado por los cristianos en el mundo entero, me complace enviarte estos poemas míos dedicados a la persona de Juan Pablo II. Ojalá permitieran una reflexión sobre la necesidad de la paz y la armonía entre los pueblos y las religiones.

Un abrazo muy fuerte,
Alain

2017-04-15 13:07 GMT-04:00 Tarek Abdel Hamid escribió:
Estimado Alain,

Admirable como siempre, amigo mío. Cristiana sensibilidad y divina amabilidad tus palabras. Del Líbano te mando especial saludo. Tengo unos días aquí y me doy cuenta que esta tierra necesita más de la razón de los hijos de Dios que nunca. Estamos recorriendo con papá los pueblos vecinos para compartir con sus amigos cristianos las festividades de la pascua. Este año coinciden las fiestas de los orientales y de los occidentales y es notable como los musulmanes quieren compartir cada año más con sus pares. Cuanto más crueles son los políticos, tanto más se acercan los pueblos, como si se dan cuenta que son los únicos que pierden en las guerras. Muchas bendiciones en estos días y saludos del corazón a todos. Espero vernos pronto. Gracias por compartir siempre esas hermosas reflexiones.
Tarek

---

18 abr. 2017 8:14, Alain Saint-Saëns escribió:

Estimado Tarek,
Querido amigo,

Es valioso lo que estás haciendo con tu papá para garantizar la paz y la armonía entre pueblos de diferentes religiones. Ojalá hubiera más gente alumbrada con un corazón realmente bueno para entender que Dios se puede expresar a través varios canales y que debemos saber construir juntos un mundo estable para nuestros hijos.
Mis mejores saludos a tu esposa Nada y tus hijos,
Alain

THE WAGON.
ON THE WAY TO AUSCHWITZ.
OBRA DE TEATRO
ACTO II, ESCENA 3

DIÁLOGO ENTRE
KAROL WOJTYLA Y RABBI SHOLEM

THE WAGON
A PLAY
ALAIN SAINT-SAËNS

Act II,
Scene 3

(*It is about 10PM on Sunday night. Rabbi Sholem and his followers, sickened by what happened and feeling helpless, try to sleep on the side of the wagon where the opening was cleared. On the other side, Roger, his accomplices, and their women, consenting or not, all intertwin on the ground, making love like animals in heat without any kind of restraint nor modesty. Suddenly a shadow comes closer to the wagon*).

Seminarian (*Holding a backpack on his right shoulder and whispering in Polish*):

- Anybody there?

Jorge (*To Rabbi Sholem*):

- There is somebody out there calling. You should get a look, Rabbi. I can't understand him.

Rabbi Sholem (*To Jorge*):

- Jorge, please make sure that Roger and his henchmen cannot see me talking with this stranger. I would not want him to know what is happening inside. He might be more ashamed than we even are! (*Jorge nods, stands up, and starts pretending chatting with other people, meanwhile Rabbi Sholem kneels down before laying his head on the ground and trying to watch outside*).

Rabbi Sholem (*In Polish*):

- Hello, are you still there? I am Rabbi Sholem. Excuse my faltering Polish. I hope you can understand me regardless. If you have come just to bothering and insulting us, please go away. We do not need more suffering. We have gotten plenty of it already. God be with you, whoever you are!

Seminarist (*Following in Polish too*):

- No, no, Rabbi Sholem! Do not worry, on the contrary! I'm Karol, a seminarian at the Kraków clandestine Catholic Seminary (*He shakes Rabbi Sholem's hand*) I looked for you in that long train for a good while. I came to apologize to you for what two teens of our town did to your people yesterday. They bragged to me at Sunday school about their feat. I was so mad at them! I strongly admonished and punished them: they will not have access to communion till they have repented for their horrid behavior. On behalf of my fellow Krakowians, who are also suffering from harsh Nazi occupation, please accept our deepest apologies. I wish it had not happened.

Rabbi Sholem (*Very moved*):

- Well, Karol, that comes as a complete surprise to me! (*He takes Karol's hands into his own hands*) Thank you, my dear, from the bottom of my heart! God bless you and all your parishioners! Please, do not be too tough on these two teens. They are young and did not estimate the seriousness of their act. I will let the lady they insulted know about your wonderful healing words. We have forgiven them in our heart already.

Karol (*Taking Sholem's hands to his lips and kissing them*):

- Rabbi Sholem, your kindness and your generosity honor you and the whole Jewish people. May we Christians find inspiration in your words of wisdom! I recognize the spirit of your noble *Torah* book therein, and what it says at *Bava Kamma*, 8:7: 'He will not be forgiven until he seeks pardon from him', I promise you I will have these two disorientated kids help Jews trying to escape the Kraków ghetto with false identity papers before it is too late. Redeem themselves they will thru a learning process of charity.

Rabbi Sholem (*Very grateful*):

- Karol, how happy it makes me to see that you have been studying our blessed *Torah*! How pleased I would have been to invite you to visit our Yeshiva! In the *Schulchan Aruch* written by Rabbi Yosef Karo of Safed in the land of Canaan, you will find that we should forgive the sinner willingly and wholeheartedly. Moreover, you might be able to find one day a copy of the *Mishna Berurah*, a commentary of the *Shulchan Aruch* by Rabbi Yisrael Meir Kagan from Bielorussia who died some ten years ago. This holy man asserted that it might be appropriate to withhold forgiveness to teach the guilty one not to take it lightly. I shall let you be judge, Karol!

Karol (*Opening his backpack*):

- When I heard there was an opening at the bottom of your wagon's wall, I talked to my fellow Seminarians. We collected two breads, a sugar pack, and three one liter bottles of water. It is not much, I guess, but we thought it could help you a little bit thru your ordeal (*Karol passes all items to Rabbi Sholem thru the opening*).

Rabbi Sholem (*With a voice broken by emotion*):

Only in your Scriptures, in the *Gospel of Matthew*, 25: 35-36, could I find, Karol, the exact quote to express to you our immeasurable and eternal gratitude: 'For I was an hungred, and ye gave me meat: I was thirsty, and ye gave me drink: I was a stranger, and ye took me in: Naked, and ye clothed me: I was sick, and ye visited me: I was in prison, and ye came unto me.' (*Both men hold hands in silence, praying. After a while Rabbi Sholem asks the Seminarian a question*) – Tell me, Karol, what about the Kraków Ghetto? Is it still there and filled with many of my people?

Karol:

- The Nazis established it on March 3, 1941 in the Podgorze district, as you know. It counted up to 15,000 Jews at one time, but from the end of May, 1942 on, members of the ghetto have been deported toward Beltzec death camp. We fear those who are still living in the Krakow ghetto will be killed on the spot or sent to Auschwitz death camp.

Rabbi Sholem (*With a tense tone of voice*):

- Could you tell where we are heading to, Karol? I can handle the truth. Go ahead.

Karol (*Bluntly*):

- To Auschwitz, Rabbi Sholem. That's the railway line that goes there. I am so sorry, my friend. I shall pray for you. (*Karol takes Sholem's hands in his, and squeezes them strongly*).

Rabbi Sholem (*Looking at the opening*):

- God said: 'Have no fear, for I am with you,' *Isaiah* 41: 10, and He warned us about death time: 'Then the dust will return to the earth as it was, and the spirit will return to God who gave it,' *Ecclesiastes* 12: 7. I shall be fine, Karol. We have a tiny three-year-old boy in the wagon, though. I have no doubt he will be sent to his death on arrival by Nazi murderers. I think he could be slipped thru this opening. Karol, would you be willing to try to save his life and take him away within your backpack?

Karol (*Emotional*):

- Yes, Rabbi Sholem, yes, I will! But, we have no time to lose. It is now or never. At any time may appear around here a German soldier. He won't hesitate to kill me. You just have a couple of minutes, Rabbi Sholem…

(*Rabbi Sholem calling a woman seated close to Esther with a little boy in her arms*):

- Devorah, you trust me, don't you? So, listen to me carefully, please, it's a question of death or life... We can have little Simon to escape right now and be left to the care of a good Catholic priest in Kraków, or he shall not survive where we are going to. You need to decide now if he lives or dies.

Devorah (*Shivering uncontrollably*):

- Oh, God, no! I don't want him to die! Let him live! Simon! Flesh of my flesh! Live a long life! (*She kisses her sleeping son a last time and pushes him away*) Take him now, Rabbi! May God protect him always! (*Rabbi Sholem gently slips the little boy thru the opening*).

Rabbi Sholem:

- Here comes Simon Rosenthal, Karol, son of Devorah. Put him into your backpack! Quickly! That's it! Good! Thank you, God, thank you! Kneel down now, Karol, for me to bless you... (*Rabbi Sholem puts his hands on Karol's head*). You saved more than one life tonight, Karol, light of the Church, you redeemed the whole humanity. May the Lord pour His Grace on you always! Go, go!

Karol (*Standing up again and taking Rabbi Sholem's hands one last time in his*):

- I shall never forget you, Rabbi Sholem, noble son of Israel, and your spiritual presence will guide me throughout my life. I shall see you again at the time of the Resurrection of the Dead, as *Isaiah* 26:19 promised to us: 'Thy dead shall live, my dead bodies shall arise, awake and sing, ye that dwell in the dust, for that dew is as the dew of light, and the earth shall bring to life the shades.' (*He raises his eyes up to heaven*) Rain is coming; hopefully it will erase my footprint… Bye, Rabbi!

Zeitfracht Medien GmbH
Ferdinand-Jühlke-Straße 7
99095 Erfurt, Deutschland
produktsicherheit@kolibri360.de